Neil Young

CONTENTS

T0078822

HAL•LEONARD®
CORPORATION
7777 W. BLUEMOUND RD. P.O. BOX 13819 MILWAUKEE, WI 53213

ISBN 978-1-4768-0607-5

Down to the Wire

Words and Music by
Neil Young

Melody:

Ev - 'ry   time _____   you   touch _   her,

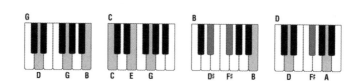

Intro	|G | | | |

Verse 1

      G   **C**
      Ev'ry time you touch her, set your hands on fire.

G   **C**
And ev'rything you've got is all that she requires.

          B   **D**
And you hang on, hang on, hang on to the words of a liar.

           C   **D**   **C G**
You can feel it's gettin' down to the wire.

      $\frac{3}{4}$C | | | |
      $\frac{4}{4}$G | |

PIANO CHORD SONGBOOK

Verse 2

      G   C
All the hurt you thought was gone has now returned,

         G   C
And ___ ev'rything she's laughing at is ___ all you've learned.

          B   D
And you let go, let go, let go 'cause you know you're getting tired.

         C   D   C G
Can you feel it gettin' down ___ to the wire?

$|\frac{3}{4}$C | | | |
$|\frac{4}{4}$G | |

Verse 3

      G   C
Take the time to close your eyes and ___ look around,

      G   C
'Cause anyone who helped you out can let you down.

        B   D
And look out, look out, look out   the voice is now the choir.

        C   D   C G
Can you feel it getting down ___ to the wire?

Outro $\|:\frac{3}{4}$C | | | :$\|$ *Repeat and fade*

Burned

Words and Music by
Neil Young

Melody:

Been burned, and with both feet on ___ the ground. _

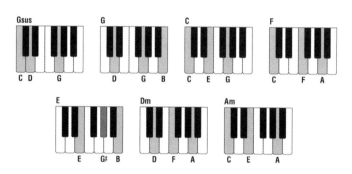

Intro

| Gsus | G | |

Verse 1

> C   F   C
> Been burned, and with ___ both feet on the ___ ground.
>
> F C   F   G
> I've learned that it's pain - ful comin' down.

Chorus 1

> C   E   Dm   Am F
> No use runnin' a - way, and there's no time left to stay.
>
> C   E   Am
> Now I'm findin' out that it's so ___ confusin',
>
> C E   F
> No time left and I know ___ I'm losin'.

Verse 2

> C   F   C
> Flashed, and I think ___ I'm fallin' down.
>
>   F
> (Flashed, and I think ___ I'm fallin'...)
>
> C   F   G
> Crashed, and my ears ___ can't hear a sound.

Chorus 2

```
         C              E              Dm              Am  F
No use runin' a - way, and there's no time left to stay.

         C              E              Am
Now I'm findin' out that it's so ___ confusin',

         C    E              F
No time left and I know ___ I'm losin'.

| N.C.(C) |              |
```

Piano Solo   *Repeat Verse 1 (Instrumental)*

```
| C        | E        | Dm       | Am  F    |
```

Chorus 3

```
         C              E              Am
Now I'm findin' out that it's so ___ confusin',

         C    E              F
No time left and I know ___ I'm losin'.
```

Verse 3

```
         C              F              C
Burned, and with both feet on the ground.

                         F
(Burned, and with both ___ feet on the…)

            C              F              G
I've learned that it's pain - ful comin' down.
```

Chorus 4   *Repeat Chorus 2*

Outro

```
| C        | F        | C        |          ‖
```

Mr. Soul

Words and Music by
Neil Young

Melody:

Oh, hel - lo, ____ Mis - ter Soul, _ I dropped _ by...

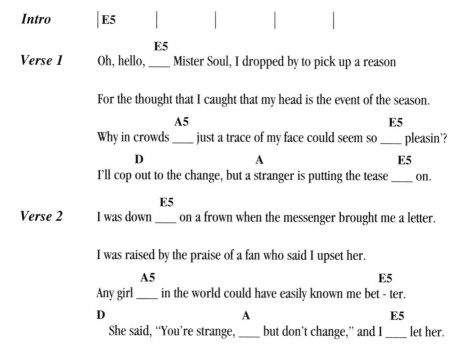

Intro | E5 | | | |

Verse 1
              E5
Oh, hello, ____ Mister Soul, I dropped by to pick up a reason

For the thought that I caught that my head is the event of the season.
              A5   **E5**
Why in crowds ____ just a trace of my face could seem so ____ pleasin'?
        D   **A**   **E5**
I'll cop out to the change, but a stranger is putting the tease ____ on.

Verse 2
              E5
I was down ____ on a frown when the messenger brought me a letter.

I was raised by the praise of a fan who said I upset her.
        A5   **E5**
Any girl ____ in the world could have easily known me bet - ter.
D   **A**   **E5**
She said, "You're strange, ____ but don't change," and I ____ let her.

Interlude	‖: E5				:‖
	| F	|	|	|
	| A	|	|	|
	| E5	|	|	|
	| D	| A	| E5	|	|
	|	|	|

Verse 3

               E5
In a while ____ will the smile on my face turn to plaster?

Stick around while the clown who is sick does the trick of disaster.

             A5   E5
For the race ____ of my head and my face is moving much faster.

               D
Is it strange ____ I should change,

      A   E5
I don't ____ know, why don't you ask her?

Outro

              D
‖: Is it strange ____ I should change,

      A   E5
I don't ____ know, why don't you ask her? :‖ *Repeat and fade*

Broken Arrow

Words and Music by
Neil Young

The lights turned on   and the   cur-tain fell __ down...

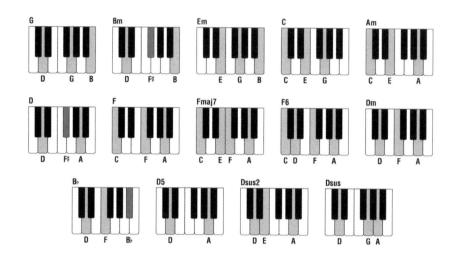

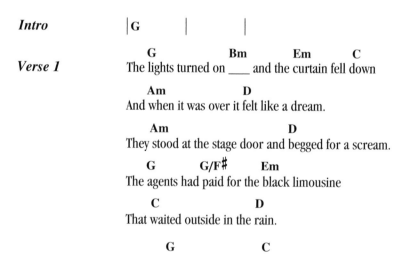

Intro |G | |

Verse 1

        G   Bm   Em   C
The lights turned on ___ and the curtain fell down

     Am   D
And when it was over it felt like a dream.

     Am   D
They stood at the stage door and begged for a scream.

   G   G/F#   Em
The agents had paid for the black limousine

       C   D
That waited outside in the rain.

        G   C

Chorus 1

Did you see them? Did you see them?

| F   Fmaj7   F6 | F   Fmaj7   F6 |

Dm   **G**
Did you see them in the river?

B♭   **D5 Dsus2 Dm Dsus**
They were there to wave to you.

Dm   **G**
Could you tell that the empty-quivered

B♭   **Dm**   **G**
Brown-skinned Indi - an on the banks

         Dm   **G**   **F**   **G**
That were crowded and narrow held a broken arrow?

Verse 2

 G   **Bm**   **Em**   **C**
Eighteen years ___ of A - merican dream,

  Am   **D**
He saw that his brother had sworn on the wall.

  Am   **D**
He hung up his eyelids and ran down the hall.

  G   **G/F♯**   **Em**
His mother had told him a trip was a fall,

   C   **D**
And don't mention babies at all.

Chorus 2

       G   **C**
Did you see him? Did you see him?

| F   Fmaj7   F6 | F   Fmaj7   F6 |

Dm   **G**
Did you see him in the river?

B♭   **D5 Dsus2 Dm Dsus**
He was there to wave to you.

Dm   **G**
Could you tell that the empty-quivered

B♭   **Dm**   **G**
Brown-skinned Indi - an on the banks

         Dm   **G**   **F**   **G**
That were crowded and narrow held a broken arrow?

Verse 3

        G   **Bm**   **Em**   **C**
The streets were lined ___ for the wedding parade,

    Am   **D**
The queen wore the white gloves, a county of song.

    Am   **D**
The black-covered caisson her horses had drawn

    G   **G/F♯**   **Em**
Pro - tected her king from the sunrays of dawn.

    C   **D**
They married for peace and were gone.

Chorus 3

         G   **C**
Could you see them? Could you see them?

|**F**   **Fmaj7** **F6** |**F** **Fmaj7** **F6** |

Dm   **G**
  Did you see them in the river?

B♭   **D5** **Dsus2 Dm Dsus**
  They were there to wave to you.

Dm   **G**
  Could you tell that the empty-quivered

B♭   **Dm**   **G**
Brown-skinned Indi - an on the banks

     Dm   **G**   **F**   **G**
That were crowded and narrow held a broken arrow?

Sugar Mountain

Words and Music by
Neil Young

Melody:

Oh, ___ to   live   on... ___

F   C(add9)   Bb   Eb(add9)   Cm

C F A   C D E G   D F Bb   Eb F G Bb   C Eb G

Intro

‖: **F** | | | |
| **C(add9)** | | **Bb** | | :‖
| **F** | | | |

Chorus 1

F   **Eb(add9)**
Oh, to live on   Sugar Mountain

F   **Eb(add9)**
With the barkers and the col - ored balloons.

F   **Eb(add9)**
You can't be twenty on Sugar Mountain,

Cm   **F**
Though you're thinkin' that you're leavin' there too ___ soon.

Cm   **F**
You're leavin' there too ___ soon.

Verse 1

F   **Eb(add9)**
It's so noisy at the fair

                            F
But all your friends are ___ there.

                      Eb(add9)
And the candy floss you had

                      F
And your mother and your dad.

Chorus 2   *Repeat Chorus 1*

Interlude 1	‖: C(add9)		B♭			
	| F					:‖

Verse 2

       F   E♭(add9)
There's a girl just down the aisle,

                           F
Oh, to turn and see her ____ smile.

                               E♭(add9)
You can hear the words she wrote

                         F
As you read the hidden note.

Chorus 3   *Repeat Chorus 1*

Interlude 2   *Repeat Interlude 1*

Verse 3

               F   E♭(add9)
Now you're underneath the stairs

                           F   B♭ F
And you're givin' back some glares

                     E♭(add9)
To the people who you met,

                    F B♭ F
And it's your first cigar - ette.

Chorus 4   *Repeat Chorus 1*

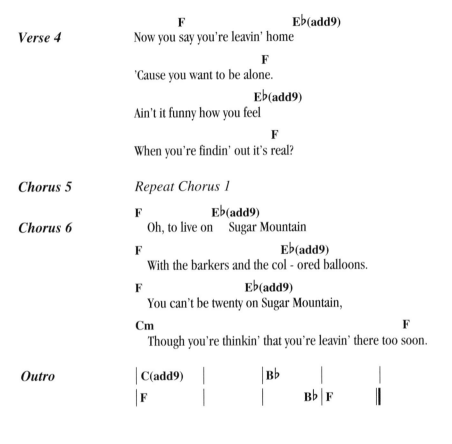

Verse 4

                F   Eb(add9)
Now you say you're leavin' home

                        F
'Cause you want to be alone.

                    Eb(add9)
Ain't it funny how you feel

                        F
When you're findin' out it's real?

Chorus 5   *Repeat Chorus 1*

            F   Eb(add9)
Chorus 6   Oh, to live on   Sugar Mountain

            F   Eb(add9)
         With the barkers and the col - ored balloons.

            F   Eb(add9)
         You can't be twenty on Sugar Mountain,

            Cm   F
         Though you're thinkin' that you're leavin' there too soon.

Outro | C(add9) | |Bb | |
               |F | | Bb|F   ‖

Expecting to Fly

Words and Music by
Neil Young

There you stood on ____ the edge of your feath - er... _

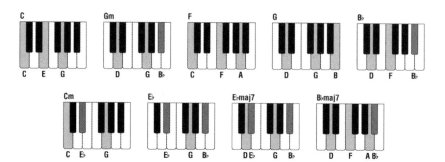

Intro	`| C` `|` `|` `|`	

Verse 1

    C   Gm
There you stood on the edge of your feather

    F   G
Expecting to fly.

    C   Gm
While I laughed, I ____ wondered whether

    F   G C
I could wave good - bye,

    F   B♭
Knowin' that you'd gone.

Chorus 1

    Cm   F   B♭   E♭
By the summer it was healing, we had said good - bye.

    Cm   F   B♭   E♭
All the years we'd spent with feeling   ended with a cry.

    E♭maj7 B♭maj7   E♭maj7
Babe,   ended with a cry.

    B♭maj7   C
Babe,   ended with a cry.

Verse 2

       C   Gm
      I tried so hard ___ to stand

      F   G
As I stumbled and fell to the ground.

      C   Gm
      So hard to laugh ___ as I fumbled

      F   G   C
And reached for the love I'd found,

      F   B♭
Knowing it was gone.

Chorus 2

      Cm   F   B♭   E♭
      If I ever lived ___ without you,   now you know I'd die.

      C   F   B♭   E♭
      If I ever said ___ I loved you,   now you know I try.

      E♭maj7 B♭maj7   E♭maj7
Babe,   now you know I try.

          B♭maj7   E♭maj7
Babe,   now you know I'd try.

          B♭maj7
Babe.

I Am a Child

Words and Music by
Neil Young

Melody:

I am a child. __   I last...

Intro
| Dmaj7 | | |Em7/D |D | |
| G | |D | | |

Verse 1

Dm   C Am   F
I am a child. ___   I last a while.

Dm   F   C   Em
You can't con - ceive of the pleas - ure in my smile.

Dm   C Am   F
You hold my hand, ___   rough up my hair.

Dm   Dm7   D
It's lots of fun to have you there.

Chorus 1

Dmaj7   Em7/D D
God gave to you, now you give to me.

G   D
I'd like to know what you've learned.

Dmaj7   Em7/D D
The sky is blue and so is the sea.

Am7   C
What is the color when black is burned?

Am7   D
What is the color?

Verse 2

       Dm   C Am   F
       You are a man. ____ You understand.

       Dm   F   C   Em
       You pick me up ____ and you lay me down a - gain.

       Dm   C Am   F
       You make the rules, ____ you say what's fair.

       Dm   Dm7   D
       It's lots of fun to have you there.

Chorus 2

       Dmaj7   Em7/D   D
       I gave to you, now you give to me.

       G   D
       I'd like to know what you've learned.

       Dmaj7   Em7/D D
       The sky is blue and so is the sea.

       Am7   C
       What is the color   when black is burned?

       Am7   D
       What is the color?

Interlude   *Repeat Intro*

Outro-Verse   *Repeat Verse 1 till fade*

The Loner

Words and Music by
Neil Young

Melody:

He's a   per-fect strang - er, like a   cross of him-self... _

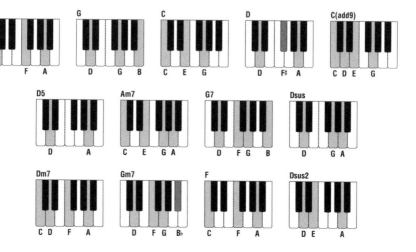

F	G	C	D
C(add9)			

D5	Am7	G7	Dsus

Dm7	Gm7	F	Dsus2

Intro | F G C D | C(add9) D5 | Am7/G C/G D5 | C(add9) D5 |

Verse 1

> G7
> He's a perfect stranger,
>
>   Dsus Dm7 Dsus Dm7
> Like a cross of himself and a fox.
>
> G7
> He's a feeling arranger
>
>   Dsus Dm7 Dsus Dm7
> And a changer of the ways he talks.
>
>   G7
> He's the unforeseen danger,
>
>   Dsus Dm7 Dsus Dm7
> The keeper of the key to the locks.

Chorus 1

> Gm7   Am7   Gm7   Am7
> Know when you see him   nothing can free him.
>
> Gm7   Am7   D5
> Step aside,   open wide, ___ it's the loner.

PIANO CHORD SONGBOOK

| Interlude 1 | *Repeat Intro* |
| *Verse 2* | **G7**
If you see him in the subway, |

                                                                           Dsus Dm7 Dsus Dm7

He'll be down at the end of the car,

G7
Watchin' you move

                                                                      Dsus Dm7 Dsus Dm7

Until he knows he knows who you are.

G7
When you get off at your station alone,

                                                      Dsus Dm7 Dsus Dm7

He'll know that you are.

| *Chorus 2* | *Repeat Chorus 1* |

| *Interlude 2* | ‖: F   \| :‖ |

‖: F | :‖

\| D Dsus D Dsus2 D \| Dsus D Dsus2 D \|

‖: F | :‖

\| D Dsus D Dsus2 D \| Dsus D Dsus2 D \|

| *Verse 3* | **G7**
There was a woman he knew |

                                                    Dsus Dm7 Dsus Dm7

About a year or so ago.

G7
She had somethin' that he needed

                                                    Dsus Dm7 Dsus Dm7

And he pleaded with her not to go.

G7
On the day ____ that she left,

                                                    Dsus Dm7 Dsus Dm7

He died, but it did not show.

| *Chorus 3* | *Repeat Chorus 1* |
| *Outro* | *Repeat Interlude 2 till fade* |

The Old Laughing Lady

Words and Music by
Neil Young

Melody:

Don't call pret-ty Peg-gy,

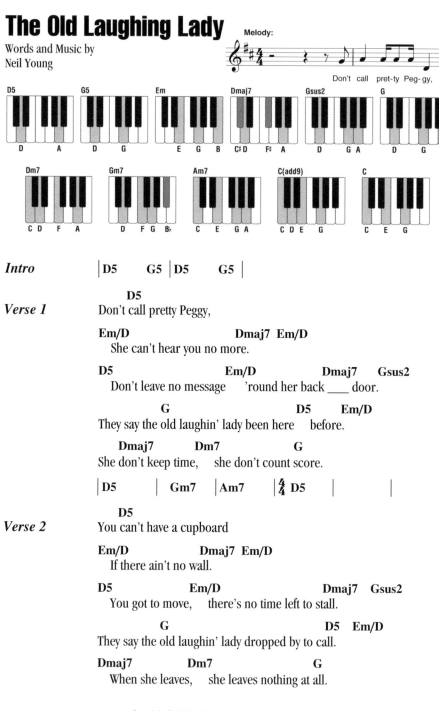

Intro |D5   G5 |D5   G5 |

Verse 1
         D5
Don't call pretty Peggy,

Em/D   **Dmaj7 Em/D**
  She can't hear you no more.

D5   **Em/D**   **Dmaj7   Gsus2**
  Don't leave no message   'round her back ___ door.

           G   **D5   Em/D**
They say the old laughin' lady been here   before.

     Dmaj7   **Dm7**   **G**
  She don't keep time,   she don't count score.

|**D5** | **Gm7** |**Am7** | $\frac{4}{4}$ **D5** | |

Verse 2
         D5
You can't have a cupboard

Em/D   **Dmaj7 Em/D**
  If there ain't no wall.

D5   **Em/D**   **Dmaj7   Gsus2**
  You got to move,   there's no time left to stall.

           G   **D5   Em/D**
They say the old laughin' lady dropped by to call.

Dmaj7   **Dm7**   **G**
  When she leaves,   she leaves nothing at all.

Interlude 1
$\begin{smallmatrix} 8 \\ 8 \end{smallmatrix}$ Dmaj7 Dm7 Dmaj7 Dm7 G D5 |
$\begin{smallmatrix} 7 \\ 8 \end{smallmatrix}$ Dmaj7 Dm7 Dmaj7 Dm7 G |
$\begin{smallmatrix} 4 \\ 4 \end{smallmatrix}$ D5 | |

Verse 3

D5
See the drunkard of the village

Em/D   Dmaj7 Em/D
  Falling on the street.

D5   Em/D   Dmaj7 Gsus2
  Can't tell his ankle   from the rest of his feet.

                G
He loves his old ____ laughin' lady,

                 D5   Em/D
'Cause her taste is so ____ sweet.

    Dmaj7   Dm7   G
His laughin' lady's lovin'   ain't the kind he can keep.

Bridge
‖: D5 | C(add9) | Gm7 | C(add9) :‖ *Play 3 times*
‖: Dmaj7 Dm7 Dmaj7 Dm7 D5 :‖ *Play 4 times*
| Gm7 | C(add9) |
‖: Dmaj7 Dm7 Dmaj7 Dm7 Gsus2 D5 :‖
| | |

Verse 4

D5
There is a fever on the freeway,

Em/D   Dmaj7 Em/D
  Blacks out the night.

          D5   Em/D   Dmaj7 Gsus2
There's a slippin' on the stairway,   just don't feel right.

                 G
And there's a rumblin' in the bedroom

                    D5 Em/D
And a flashin' of light.

           Dmaj7   Dm7   C
Here's the old ____ laughin' lady,   ev'rything is al - right.

Outro
‖: C | :‖ *Repeat and fade*

Cinnamon Girl

Words and Music by
Neil Young

Melody:

I wan-na live with a cin-na-mon girl. _

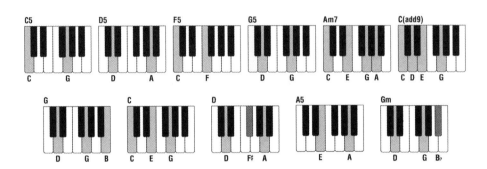

C5	D5	F5	G5	Am7	C(add9)
C G	D A	C F	D G	C E G A	C D E G

G	C	D	A5	Gm
D G B	C E G	D F# A	E A	D G B♭

Intro   ‖: C5 D5 |N.C. F5 G5|C5 D5 |N.C. F5 :‖

Verse 1

     D5   Am7
     I wanna live with a cinnamon girl.

     C(add9)   G/B
     I can be happy the rest of my life

        F5 G5 D5   C D C G C Am7
     With a cin - na - mon   girl.

     D5   Am7
     A dreamer of pictures, I run in the night.

      C(add9)   G/B
     You see us together, chasing the moonlight,

        F5 G5 D5   C D C G C A5 Am7
     My cin - na - mon   girl.

Interlude 1   *Repeat Intro*

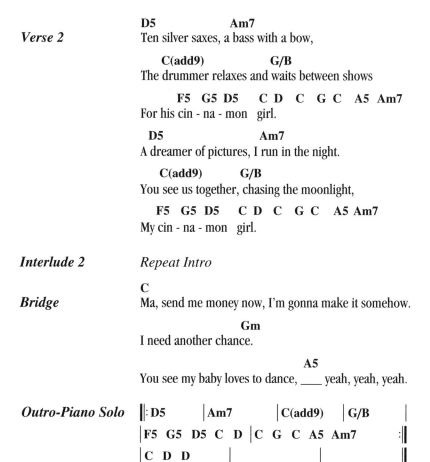

Verse 2

D5   **Am7**
Ten silver saxes, a bass with a bow,

C(add9)   **G/B**
The drummer relaxes and waits between shows

F5 G5 D5 **C D** **C** **G C** **A5 Am7**
For his cin - na - mon girl.

D5   **Am7**
A dreamer of pictures, I run in the night.

C(add9)   **G/B**
You see us together, chasing the moonlight,

F5 G5 D5 **C D** **C** **G C** **A5 Am7**
My cin - na - mon girl.

Interlude 2   *Repeat Intro*

Bridge

C
Ma, send me money now, I'm gonna make it somehow.

Gm
I need another chance.

A5
You see my baby loves to dance, ____ yeah, yeah, yeah.

Outro-Piano Solo ‖: **D5** |**Am7** |**C(add9)** |**G/B** |

                      |**F5 G5 D5 C D** |**C G C A5 Am7**   :‖

                      |**C D D** | | ‖

Down by the River

Words and Music by
Neil Young

Be on my __ side, I'll be on your _ side, __ ba - by.

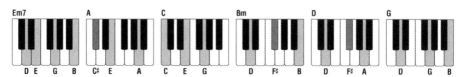

Em7   A   C   Bm   D   G

| | | |
D E   G B   C♯ E   A   C E G   D F♯ B   D F♯ A   D G B

Intro

‖: **Em7** | **A** :‖ *Play 5 times*

Verse 1

Em7   **A**
Be on my side, I'll be on your side, baby.

Em7   **A**
There is no reason for ___ you to hide.

Em7   **A**
It's so hard for me ___ staying here all alone

Em7   **A**
When you could be taking me ___ for a ride.

Pre-Chorus 1

C   **Bm**
Yeah, ___ yeah.

C   **Bm**
She could drag me ___ over the rainbow,

C   **Bm D**
And send me a - way.

Chorus 1

G   **D**   **A**
Down by the riv - er

G D   **A**
I shot my ba - by.

G   **D**   **A**
Down by the riv - er,

Em7 A   Em7   **A**
Dead,   oo, ___ shot her dead.

Piano Solo 1

‖: **Em7** | **A** | **Em7** | **A** :‖ *Play 16 times*

Verse 2

Em7   A
You take my hand, I'll ___ take your hand.

Em7   A
Together we may get a - way.

Em7   A
This much madness is ___ too much sorrow.

Em7   A
It's impossible to make it today.

Pre-Chorus 2

C   Bm
Yeah, oo, ___ yeah.

C   Bm
She could drag me ___ over the rainbow,

C   Bm D
And send me a - way, yeah.

Chorus 2

G   D   A
Down by the riv - er

G D   A
I shot my ba - by.

G   D   A
Down by the riv - er,

Em7 A   Em7   A
Dead,   dead, oo, oo, shot her dead.   Shot her dead.

Piano Solo 2   ‖: Em7 |A |Em7 |A   :‖ *Play 8 times*

Verse 3   *Repeat Verse 1*

Pre-Chorus 3

C   Bm
Oo, ___ yeah.

C   Bm
She could drag me ___ over the rainbow,

C   Bm D
And send me a - way, yeah.

Outro-Chorus

G   D   A
‖: Down by the riv - er

G D   A
I shot my ba - by. :‖ *Repeat and fade*

Cowgirl in the Sand

Words and Music by
Neil Young

Melody:

Hel - lo, cow - girl ___ in the sand.

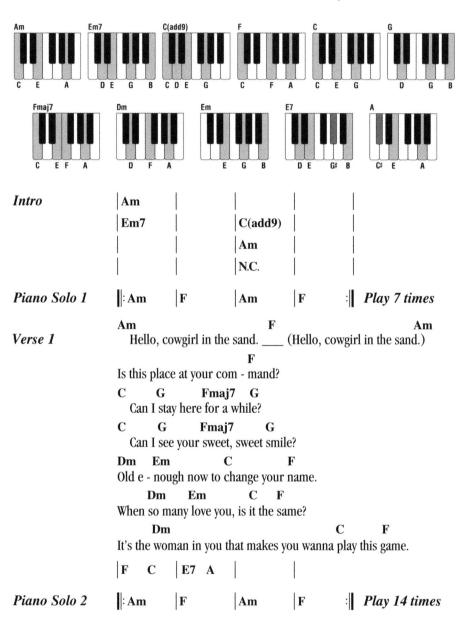

Chord diagrams:						
Am	Em7	C(add9)	F	C	G	
C E A	D E G B	C D E G	C F A	C E G	D G B	
Fmaj7	Dm	Em	E7	A		
C E F A	D F A	E G B	D E G# B	C# E A		

Intro
Am			
Em7		C(add9)	
		Am	
		N.C.	

Piano Solo 1   ‖: Am |F |Am |F :‖ ***Play 7 times***

Verse 1

     Am   F   Am
Hello, cowgirl in the sand. ___ (Hello, cowgirl in the sand.)
                       F
Is this place at your com - mand?
C   G   Fmaj7   G
Can I stay here for a while?
C   G   Fmaj7   G
Can I see your sweet, sweet smile?
Dm   Em   C   F
Old e - nough now to change your name.
         Dm   Em   C   F
When so many love you, is it the same?
             Dm   C   F
It's the woman in you that makes you wanna play this game.
|F   C |E7   A | |

Piano Solo 2   ‖: Am |F |Am |F :‖ ***Play 14 times***

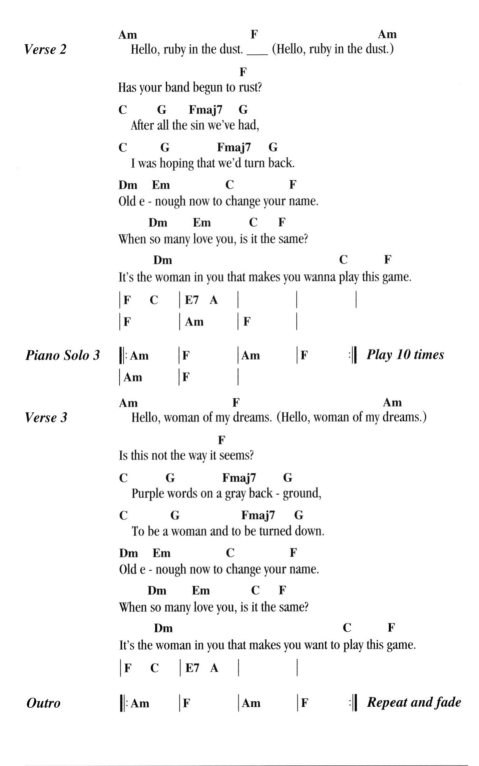

Verse 2

```
        Am                    F                         Am
        Hello, ruby in the dust. ___ (Hello, ruby in the dust.)
                              F
        Has your band begun to rust?
        C      G     Fmaj7   G
        After all the sin we've had,
        C      G          Fmaj7   G
        I was hoping that we'd turn back.
        Dm    Em         C          F
        Old e - nough now to change your name.
              Dm     Em     C    F
        When so many love you, is it the same?
              Dm                        C      F
        It's the woman in you that makes you wanna play this game.
        | F    C    | E7   A  |          |          |
        | F         | Am      | F        |
```

Piano Solo 3

```
        ‖: Am    | F       | Am      | F        :‖  Play 10 times
        | Am     | F       |
```

Verse 3

```
        Am                    F                         Am
        Hello, woman of my dreams. (Hello, woman of my dreams.)
                              F
        Is this not the way it seems?
        C      G          Fmaj7     G
        Purple words on a gray back - ground,
        C      G          Fmaj7   G
        To be a woman and to be turned down.
        Dm    Em         C          F
        Old e - nough now to change your name.
              Dm     Em     C    F
        When so many love you, is it the same?
              Dm                        C      F
        It's the woman in you that makes you want to play this game.
        | F    C    | E7   A  |          |
```

Outro

```
        ‖: Am    | F       | Am      | F        :‖  Repeat and fade
```

I Believe in You

Words and Music by
Neil Young

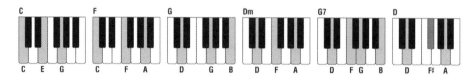

Melody:

Now that ya found _ your-self   los - in' your mind, ___

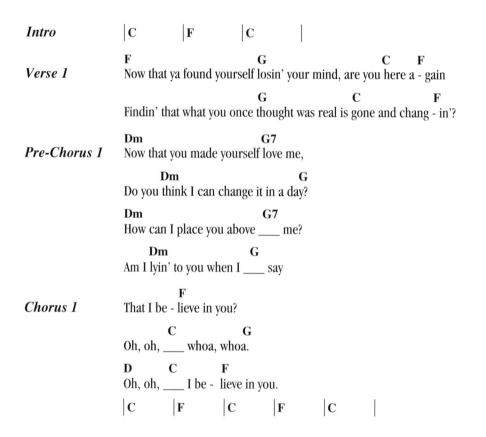

Intro | C | F | C |

Verse 1
F   G   C   F
Now that ya found yourself losin' your mind, are you here a - gain
                         G   C   F
Findin' that what you once thought was real is gone and chang - in'?

Pre-Chorus 1
Dm   G7
Now that you made yourself love me,

    Dm   G
Do you think I can change it in a day?

Dm   G7
How can I place you above ___ me?

      Dm   G
Am I lyin' to you when I ___ say

Chorus 1
            F
That I be - lieve in you?

            C   G
Oh, oh, ___ whoa, whoa.

D   C   F
Oh, oh, ___ I be - lieve in you.

| C | F | C | F | C |

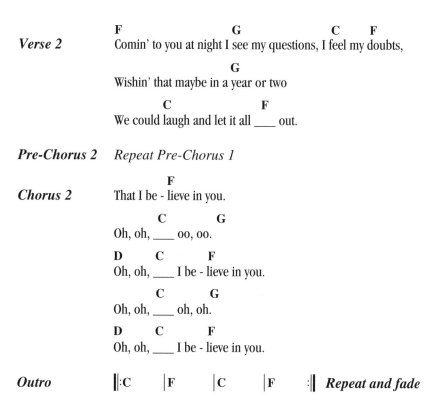

	F G C F
Verse 2	Comin' to you at night I see my questions, I feel my doubts,
	G
	Wishin' that maybe in a year or two
	C F
	We could laugh and let it all ___ out.

Pre-Chorus 2   *Repeat Pre-Chorus 1*

	F
Chorus 2	That I be - lieve in you.
	C G
	Oh, oh, ___ oo, oo.
	D C F
	Oh, oh, ___ I be - lieve in you.
	C G
	Oh, oh, ___ oh, oh.
	D C F
	Oh, oh, ___ I be - lieve in you.

Outro   ‖:C |F |C |F   :‖ *Repeat and fade*

After the Gold Rush

Words and Music by
Neil Young

Well, I dreamed I saw the knights _ in ar - mor com - in',

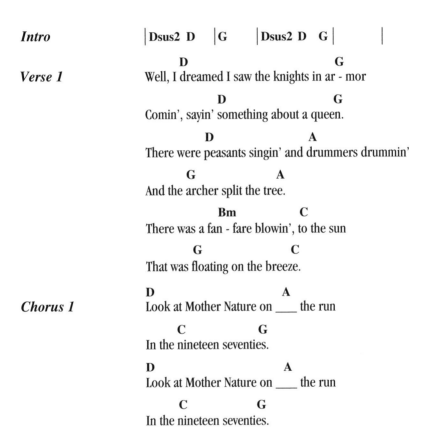

Intro | Dsus2 D | G | Dsus2 D G | |

Verse 1
        D   **G**
Well, I dreamed I saw the knights in ar - mor

             D   **G**
Comin', sayin' something about a queen.

             D   **A**
There were peasants singin' and drummers drummin'

        G   **A**
And the archer split the tree.

             Bm   **C**
There was a fan - fare blowin', to the sun

         G   **C**
That was floating on the breeze.

Chorus 1
        D   **A**
Look at Mother Nature on ____ the run

            C   **G**
In the nineteen seventies.

        D   **A**
Look at Mother Nature on ____ the run

            C   **G**
In the nineteen seventies.

Verse 2

          D   G
I was lyin' in a burned-out base - ment

          D   G
With the full moon in my eyes.

          D   A
I was hopin' for replace - ment

            G   A
When the sun burst through the sky.

                   Bm   C
There was a band ___ playin' in my head

          G   C
And I felt like getting high.

Chorus 2

          D   A
I was thinkin' about what a friend ___ had said,

           C   G
I was hopin' it was a lie.

          D   A
Thinkin' about what a friend ___ had said,

           C   G
I was hopin' it was a lie.

Horn Solo   *Repeat Verse 1 and Chorus 1 (Instrumental)*

Verse 3

          D   G
Well, I dreamed I saw the silver space - ships

             D   G
Flyin' in the yellow haze of the sun.

             D   A
There were children cryin' and colors flyin'

          G   A
All a - round the chosen ones.

                 Bm   C
All in a dream, ___ all in a dream,

          G   C
The loading had begun.

Chorus 3

          D   A   C   G
Flying Mother Nature's sil - ver seed to a new home in the sun,

          D   A   C   G
Flying Mother Nature's sil - ver seed to a new home.

Southern Man

Words and Music by
Neil Young

Melody:

South-ern man, ___ bet - ter...

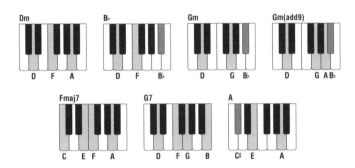

Intro   ‖: Dm | | B♭   Gm | Gm(add9) :‖

Chorus 1

Dm   Fmaj7/C
Southern man, better   keep your head,

B♭   G7
Don't forget what your   Good Book says.

Dm   Fmaj7/C
Southern change gonna   come at last,

B♭   G7
Now your crosses are   burnin' fast,

Dm   B♭ Gm Gm(add9)
Southern man.

| Dm | | B♭   Gm | Gm(add9) |

PIANO CHORD SONGBOOK

Verse 1	**Dm** **B♭** **Gm** **Gm(add9)** I saw cotton and I saw black,

Dm   **B♭**   **Gm**   **Gm(add9)**
Tall white mansions and   little shacks.

Dm   **B♭**   **Gm**   **Gm(add9)**
Southern man, when will you   pay them back?

A
I heard screamin' and bull whips crackin'.

How long, how long? Ah.

Piano Solo	‖: **Dm** |	| **B♭** **Gm** |	:‖	***Play 18 times***

Chorus 2	*Repeat Chorus 1*

Verse 2	**Dm** **B♭** **Gm** **Gm(add9)** Lillie Belle, your hair is golden brown,

Dm   **B♭**   **Gm**   **Gm(add9)**
I've seen your black man   comin' 'round.

Dm   **B♭**   **Gm**   **Gm(add9)**
Swear by God I'm gonna   cut him down!

A
I heard screamin' and bull whips crackin'.

How long, how long? Ah.

Outro-Piano Solo	*Repeat Piano Solo till fade*

Helpless

Words and Music by
Neil Young

Melody:

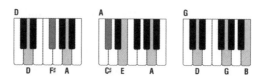

There is ___ a town   in north ___ On-tar - i - o... ___

Intro | D   A | G | D   A | G |

Verse 1
D   A   G
There is a town in north ___ Ontario

D   A   G
With dream ___ comfort mem - ory to spare,

D   A   G
And in my ___ mind I still ___ need a place to go.

D   A   G
All ___ my chang - es were there.

Verse 2
D   A   G
Blue, blue ___ windows behind ___ the stars,

D   A   G
Yel - low moon on ___ the rise,

D   A   G
Big birds ___ flying across ___ the sky,

D   A   G
Throwing ___ shadows on our eyes.

Chorus

                     D   A   G
Leave us   helpless, helpess, help - less.

D   A   G
  Ba - by, can you ___ hear me now?

D   A   G
  The chains ___ are locked and tied ___ across the door.

D   A   G
  Ba - by, sing ___ with me somehow.

|D   A |G |D   A |G |

Verse 3   *Repeat Verse 2*

Outro-Chorus

                     D   A   G
Leave us   helpless, helpless, help - less.

          D   A   G
||: Helpless, helpless, help - less. :|| ***Repeat and fade***

Ohio

Words and Music by
Neil Young

Melody:

Tin   sol-diers and   Nix - on's   com - ing,

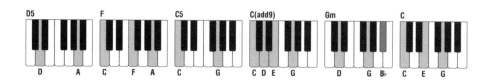

D5   F   C5   C(add9)   Gm   C

D   A   C   F   A   C   G   C D E   G   D   G   Bb   C   E   G

Intro   ‖: D5   F C5/G C5 │ D5   F C5/G C5 :‖ *Play 4 times*

Verse 1
D5   F   C(add9)
Tin soldiers and Nixon's coming,

D5   F   C(add9)
We're finally on our own.

D5   F   C(add9)
This summer I hear the drumming,

D5   F   C(add9)
Four dead in Ohi - o.

Chorus 1
Gm   C
Gotta get down to it,   soldiers are gunning us down.

Gm   C
Should've been done long ago.

Gm   C
What if you knew her and   found her dead on the ground?

Gm   C
How can you run when you know?

│D5   │   │

PIANO CHORD SONGBOOK

Piano Solo 1	‖: D5 F C5/G C5 ∣ D5 F C5/G C5 :‖

                             D5   F   C(add9) D5   F   C(add9)

Interlude   ‖:   La, la, la, la, la, la, la, la,   la, la, la, la, la, la, la.   :‖

Chorus 2	*Repeat Chorus 1*
Piano Solo 2	*Repeat Piano Solo 1*
Verse 2	*Repeat Verse 1*

                           D5   F   C   D5   F   C

Outro   (Four dead in Ohi - o.) Four. ___ (Four dead in Ohi - o.)

                           D5   F   C

Four. ___ (Four dead in Ohi - o.)

                           D5   F   C

How ___ many? (Four dead in Ohi - o.)

                                     D5   F   C

‖: How many more? ___ (Four dead in Ohi - o.)

                           D5   F   C

Why? ___ (Four dead in Ohi - o.) :‖   ***Repeat and fade***
                                                      w/ lead vocal ad lib.

Soldier

Words and Music by
Neil Young

Sold - ier, your eyes, _____ they shine...

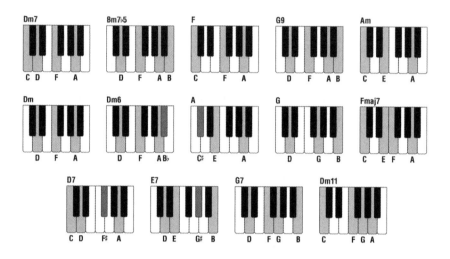

Intro |Dm7 |Bm7♭5 F/C G9/B |Am | | |

            |Dm |Am |Dm |Am/C |

Verse 1

                  Dm
              Soldier, your eyes,

              Am   **Dm6**
              They shine like the sun.

              F   **A**
              I wonder why?

              Dm   **G**   **Fmaj7**
              Soldier, your eyes ___ shine like the sun.

              D7   **E7**   **A**
              I wonder why?

Verse 2

   Am **Dm**
   Jesus, I saw you

   Am   **Dm**
   Walkin' on the river.

   F   **A**
   I don't be - lieve you.

   Dm   **G**   **Fmaj7**
   You can't deliv - er right a - way.

   D7   **E7** **A**
   I wonder why?

Interlude | **G7** | | | |

          | | | **Dm11** | |

         Dm   **G**   **Fmaj7**
Outro   Jesus, your eyes shine like the sun.

   D7   **E7**
   I wonder why?

Old Man

Words and Music by
Neil Young

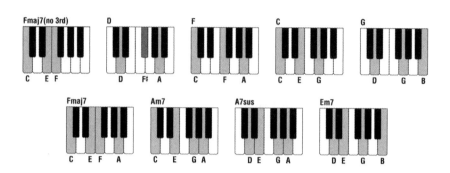

Intro ‖:Fmaj7(no3rd) | | 4/4 D :‖

Chorus 1

Fmaj7(no 3rd)   D
Old man, look at my life, I'm a lot like you were.

Fmaj7(no 3rd)   D   F C G
Old man, look at my life, I'm a lot like you were.

|D   Fmaj7 |C   F |

Verse 1

D   F   C   G
Old man, look at my life,   twenty-four and there's so much more.

D   F   C   F
Live alone in a paradise that makes me think of two.

D   F   C   G
Love lost, such a cost,   give me things that don't get lost,

D   C   F   G
Like a coin that won't get tossed, rollin' home to you.

|D |Am7 A7sus Em7 G |

| | | D | | | Am7 | A7sus | Em7 | G |

Chorus 2
    D   **Am7 A7sus**   **Em7 G**
    Old man, take a look at my life, I'm a lot ____ like   you.

    D   **Am7 A7sus**   **Em7**   **G**
    I need someone to love me the whole ____ day   through.

    D   **Am7 A7sus**   **Em7 G**
    Ah, one look in my eyes and you can tell   that's   true.

Interlude 1 | D Fmaj7 | C   G | D Fmaj7 | C   F |

Verse 2
    D   **F**   **C**   **G**
    Lullabies, look in your eyes,   run around the same old town.

    D   **F**   **C**   **F**
    Doesn't mean that much to me to mean that much to you.

    D   **F**   **C**   **G**
    I've been first and last,   look at how the time goes past.

    D   **C**   **F**   **G**
    But I'm all alone ____ at last, rollin' home to you.

    | D | Am7 A7sus   Em7 G |

Chorus 3   *Repeat Chorus 2*

Interlude 2 | Fmaj7(no3rd) | | $\frac{4}{4}$ D |

Outro
    Fmaj7(no 3rd)   **D**
    Old man, look at my life, I'm a lot like you were.

    Fmaj7(no 3rd)   **D**   **Fmaj7 C G D**
    Old man, look at my life, I'm a lot like you were.

A Man Needs a Maid

Words and Music by
Neil Young

Melody:

My life __ is chang- in' in __ so man - y ways, __

(chord diagrams)

Bb — D F Bb
F — C F A
C — C E G
G — D G B
Dm — D F A

Em7 — D E G B
F(add9) — C F G A
Em — E G B
F6 — C D F A

Am — C E A
Dm7 — C D F A
Cmaj7 — C E G B
D — D F# A

Intro | Bb | F | C |
           | G | Bb | Dm |

Verse 1

    Dm   **C**
My life is changin' in so man - y ways,
         Bb   **F**
I don't know who to trust anymore.
Dm   **C/D**
There's a shadow runnin' through my days,
    Bb   **Dm**
Like a beggar goin' from door to door.
    Dm   **C**
I was thinkin' that maybe I'd get a maid,
    Bb/F   **F   C/F**
Find a place nearby for her to stay.
Dm   **C/D**
Just someone to keep my house clean,
    Bb   **Dm**
Fix my meals and go away.

Chorus 1

Dm C/D B♭   Dm
A maid, ____ a man needs a maid.

Dm C/D B♭ Dm
A maid.

Interlude

| Em7 | | | F | F(add9) | | C | |
| Em | | | F6 | C | | | |

Bridge

Am G F   Em Dm7
It's hard to make that change

Am G F   Em   Dm7 Cmaj7 D B♭ F/C
When life and love turn strange and   old.

C   G   B♭
To give a love,   you gotta live a love.

F   C   G   B♭   F
  To live a love,   you gotta be part of.

C   G B♭
When will I see you again?

Verse 2

Dm   C
  A while ago somewhere, I don't know when,

B♭/F   F C/F
I was watchin' a movie with a friend.

Dm   C/D
  I fell in love with the ac - tress,

B♭   Dm
She was playin' a part that I could under - stand.

Chorus 2

Dm C/D B♭   Dm
A maid, ____ a man needs a maid.

Dm C/D B♭/D   Dm
A maid. ____ a man needs a maid.

Outro

Em7 C   G B♭ Dm
  When will I see you again?

Harvest

Words and Music by
Neil Young

Melody:

Did I   see   you   down   in   a   young _ girl's   town...

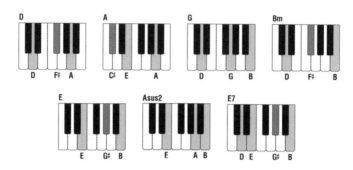

Intro

‖: D   D/A |D   D/A   :‖

Verse 1

      D   A   G   D
Did I see you down in a young ___ girl's town

      D/A   D   A
With your mother in so ___ much pain?

      G   A   Bm   E
I was almost there at the top of the stairs

      D   D/A
With her screamin' in the rain.

Chorus 1

D D/A   D   A   G   D
   Did she wake you up to tell you that

      D/A   D   A
It was only a change ___ of plan?

      G   A   Bm   E
Dream ___ up, dream up, let me fill your cup

      D   D/A D D/A
With the promise of a man.

Interlude 1

|D   D/A |D   D/A |

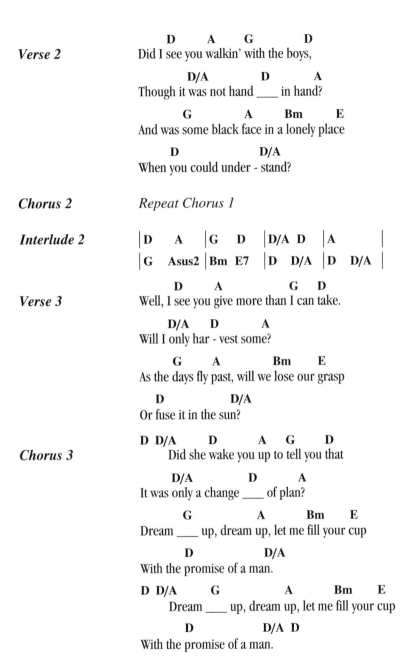

Verse 2

          D   A   G   D
Did I see you walkin' with the boys,

        D/A   D   A
Though it was not hand ___ in hand?

        G   A   Bm   E
And was some black face in a lonely place

        D   D/A
When you could under - stand?

Chorus 2   *Repeat Chorus 1*

Interlude 2

|D   A |G   D |D/A D |A |
|G   Asus2 |Bm E7 |D D/A |D   D/A |

Verse 3

        D   A   G   D
Well, I see you give more than I can take.

        D/A   D   A
Will I only har - vest some?

        G   A   Bm   E
As the days fly past, will we lose our grasp

        D   D/A
Or fuse it in the sun?

Chorus 3

D D/A   D   A   G   D
        Did she wake you up to tell you that

        D/A   D   A
It was only a change ___ of plan?

        G   A   Bm   E
Dream ___ up, dream up, let me fill your cup

        D   D/A
With the promise of a man.

D D/A   G   A   Bm   E
        Dream ___ up, dream up, let me fill your cup

        D   D/A D
With the promise of a man.

Heart of Gold

Words and Music by
Neil Young

Melody:

I wan-na live, _____ I wan-na give.

Intro

Em7		D	Em	Em7		D	Em	
Em	C	D	G	Em	C	D	G	
Em	C	D	G	Em7		D	Em	

Verse 1

Em   C   D   G
I wanna live,   I wanna give.

Em   C   D   G
I've been a miner for a heart of gold.

Em   C   D   G
It's these ex - pressions ___ I never give…

Chorus 1

Em7   G
That keep me searchin' for a heart of gold,

C   G
An' I'm gettin' old.

Em   Em7   G
Keep me searchin' for a heart of gold,

C   G
An' I'm gettin' old.

| *Interlude 1* | `|Em  C  |D  G  |Em  C  |D  G  |`
| | `|Em  C  |D  G  |Em7    |D  Em  |`

Verse 2

```
Em            C         D          G
I've been to Hollywood,    I've been to Redwood.

Em            C         D       G
I crossed the ocean for a heart of gold.

Em            C         D         G
I've been in my mind, ___ it's such a fine line...
```

Chorus 2

```
Em7                          G
That keeps me searchin' for a heart of gold,

C                  G
An' I'm gettin' old.

Em7                      G
Keeps me searchin' for a heart of gold,

C                  G
An' I'm gettin' old.
```

Interlude 2   ‖: Em   C |D   G   :‖   *Play 3 times*

Outro-Chorus

```
Em7                        D        Em7
Keep me searchin' for a heart of gold.

Em          Em7            D        Em7
You keep me searchin' an' I'm growin' old.

Em       Em7              D        Em7
Keep me searchin' for a heart of gold.

                         G
I've been a miner for a heart of gold.

C          G
Huh. Mm.
```

Star of Bethlehem

Words and Music by
Neil Young

Ain't it hard __ when you wake up in the morn - in'...

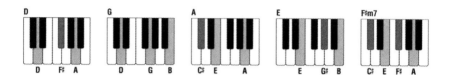

Intro ‖: D | :‖

Verse 1

              G   A   D
Ain't it hard ___ when you wake up in the morn - in'

              G   A   D
And you find ___ out that those other days are gone?

G   A   D
All you have is memories of happiness

E   A G F#m7
Lingerin' on.

| D | | |

Verse 2
          G   A   D

All your dreams and your lovers won't protect ___ you.

          G   A   D

They're only passing through you in the end.

          G   A   D

They'll leave you stripped of all that they can get to

         E   A G F#m7

And wait for you to come back a - gain.

| D | | |

Harmonica Solo   *Repeat Verse 1 (Instrumental)*

Verse 3
          G   A   D

Yet still a light is shinin'

              G   A   D

From that lamp on down the hall.

G   A   D

  Maybe the Star of Bethlehem

E   A G F#m7

Wasn't a star at all.

| D | | ‖

The Needle and the Damage Done

Words and Music by
Neil Young

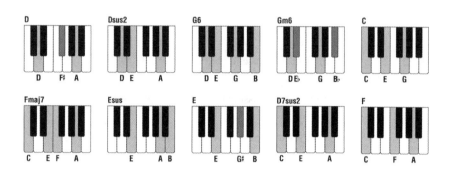

Intro

| D Dsus2 D | Dsus2/C | G6/B | Gm6/B♭ | |
| C | Fmaj7 | Esus | E | |

Verse 1

D   D7sus2/C
I caught you knockin' at my cellar door.

G6/B   Gm6/B♭
I love you, baby, can I have some more?

C F   Esus E
Oo, ___ the damage done.

Verse 2

D   Dsus2/C
I hit the city and I lost my band.

G6/B   Gm6/B♭
I watched the needle take an - other man.

C F   Esus E
Gone, gone, the damage done.

Interlude   *Repeat Intro*

               D   **Dsus2/C**

Verse 3   I sing the song because I love the man.

               G6/B   **Gm6/B♭**

               I know that some of you don't ____ understand.

               C   **F**   **Esus**   **E**

               Milk blood to keep from   runnin' out.

               D   **Dsus2/C**

Verse 4   I've seen the needle and the damage done,

               G6/B   **Gm6/B♭**

               A little part of it in ev'ryone,

               C   **F**   **Esus E**

               But ev'ry junkie's like a settin' sun.

Outro |**D**   **Dsus2** **D** |**Dsus2/C** |**G6/B** |**Gm6/B♭** ‖

Tonight's the Night

Words and Music by
Neil Young

Melody:

To - night's _ the night. _

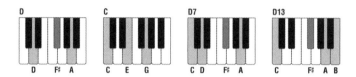

D — D F♯ A
C — C E G
D7 — C D F♯ A
D13 — C F♯ A B

Chorus 1

N.C.(D)   (C) (D)   (C)
  Tonight's the night. Tonight's the night.

(D)   (C)   (D)   (C)
  Tonight's the night. Yes, it is. Tonight's the night.

(D)   (C) (D)   (C)
‖: Tonight's the night. Tonight's the night. :‖

Verse 1

N.C.(D7)
Bruce Berry was a workin' man.

He used to load that Econoline Van.

A sparkle was in his eye,

But his life was in his hand.

Late at night, when the people were gone,

He used to pick up my guitar

And sing a song in a shaky voice

That was real as the day was long.

| | N.C.(D)   (C)   (D)   (C) |
| *Chorus 2* | ‖:   Tonight's the night. Yes, it is.   Tonight's the night. :‖ |

| | D7 |
| *Verse 2* | Early in the mornin', at the break of day, |

He used to sleep until the afternoon.

If you never heard him sing,

I guess you won't too soon.

'Cause, people, let me tell you,

It sent a chill up and down my spine

When I picked up the telephone

And heard that he died out on the mainline.

| | N.C.(D)   (C)   (D)   (C) |
| *Chorus 3* | ‖:   Tonight's the night.   Tonight's the night. :‖ |

| **Interlude** | ‖: **D7**   \| \| \| :‖ *Play 4 times* |

Verse 3

D7
Bruce Berry was a workin' man.

He used to load that Econoline Van.

Early in the mornin', just about the break of day,

He used to sleep until the afternoon.

Chorus 4

N.C.**(D)**   **(C)**   **(D)**   **(C)**
  Tonight's the night. Yes, it is.   Tonight's the night.

(D)   **(C)**   **(D)**   **(C)**
  Tonight's the night.   Tonight's the night.

Outro

   N.C.**(D)**   **(C)** **(D)**   **(C)**
‖: Tonight's the night.   Tonight's the night.

(D)   **(C)** **(D)**   **(C)**
  Tonight's the night.   Tonight's the night. :‖

(D)   **(C)** **(D)**   **(C)** **D13**
  Tonight's the night.   Tonight's the night.

Tired Eyes

Words and Music by
Neil Young

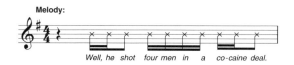

Melody:

Well, he shot four men in a co-caine deal.

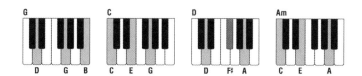

G	C	D	Am
D G B	C E G	D F♯ A	C E A

Intro | G |

Verse 1
     C   D
Well, he shot four men in a cocaine deal.

     C   D
He left 'em lyin' in an open field

     C   D
Full of old cars ___ with bullet holes in the mirrors.

     C   D
He tried to do his best,   but he could not.

Chorus 1
     G
Please take my advice.

     C   Am   D
Please take my,   please take my advice.

     Am   D
Open up the tired eyes.

     G   C D
Open up the tired eyes.

Verse 2

        G   C
Well, it wasn't supposed to go down that way.

D   C
But they burned ____ his brother, you know,

And they left him lyin' in the driveway.

D
They let him down with nothin'.

C   D
He tried to do his best, but he could not.

Chorus 2

        G   C
Please take my advice.   Please take my advice.

Am   D
Please take my advice.

Am   D
Open up the tired eyes.

G   C D
Open up the tired eyes.

Verse 3

G   C
Well, tell me more, tell me more,   tell me more.

                                           D C
I mean, was he a heavy doper, or   was he just a loser?

D
And who's a friend of yours?

C   D
What do you mean he had bullet holes in his mirrors?

              C   D
He tried ___ to do his best, but he could not.

Chorus 3   Repeat Chorus 2

Harmonica Solo | G | C | D | C |
                    | D | C | D | G |

Chorus 4

G   C
Please take my advice.

Am   D
Please take my advice.

Am   D
Open up the tired eyes.

G   C D G
Open up the tired eyes.

Walk On

Words and Music by
Neil Young

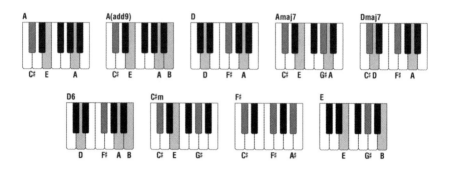

Intro

|A A(add9) D |Amaj7 Dmaj7 D6 D |
|A A(add9) D |Amaj7 Dmaj7 |

Verse 1

   A   D   A   D
I hear some people been talkin' me down.

   A   D   A   D
Bring up my name,   pass it 'round.

   A   D   A   D
They don't mention the   happy times.

   A   D   A   D
They do their thing,   I do mine.

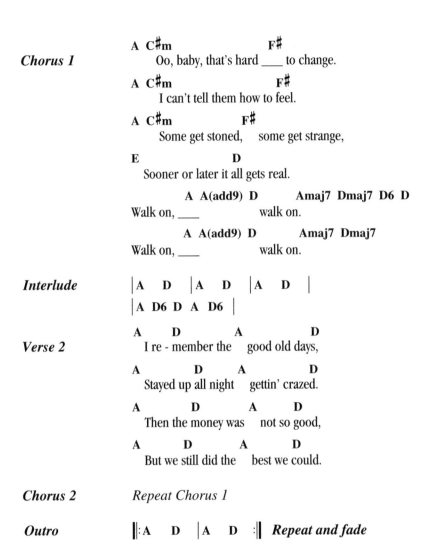

Chorus 1

A C#m   F#
Oo, baby, that's hard ___ to change.

A C#m   F#
I can't tell them how to feel.

A C#m   F#
Some get stoned,   some get strange,

E   D
Sooner or later it all gets real.

             A A(add9) D   Amaj7 Dmaj7 D6 D
Walk on, ___   walk on.

             A A(add9) D   Amaj7 Dmaj7
Walk on, ___   walk on.

Interlude

| A   D | A   D | A   D |
| A D6 D A D6 |

Verse 2

A   D   A   D
I re - member the   good old days,

A   D   A   D
Stayed up all night   gettin' crazed.

A   D   A   D
Then the money was   not so good,

A   D   A   D
But we still did the   best we could.

Chorus 2

Repeat Chorus 1

Outro

‖: A   D | A   D :‖ *Repeat and fade*

For the Turnstiles

Words and Music by
Neil Young

All the sail-ors with their sea-sick ma - mas... _

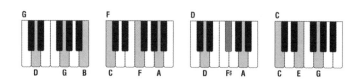

Intro   ‖: G   F |D   :‖

                 G   F   D
Verse 1   All the sailors with their seasick mamas

                 G   F   D
                 Hear the sirens on the shore

                 G   F   D
                 Singin' songs for pimps with tailors

                 C   G   D
                 Who charge ten dollars at the door.

                 G   F   D
Verse 2   You can really learn a lot that way,

                 G   F   D
                 It will change you in the middle of the day.

                 G   F   D
                 Though your confidence may be shattered,

                 C   G   D
                 It dosen't matter.

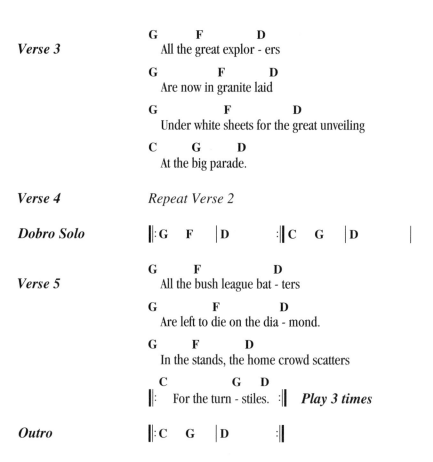

Verse 3

```
G        F           D
All the great explor - ers

G          F        D
Are now in granite laid

G            F              D
Under white sheets for the great unveiling

C      G      D
At the big parade.
```

Verse 4   *Repeat Verse 2*

Dobro Solo   ‖: G   F | D   :‖ C   G | D |

Verse 5

```
G      F            D
All the bush league bat - ters

G         F          D
Are left to die on the dia - mond.

G      F        D
In the stands, the home crowd scatters

       C            G    D
‖:   For the turn - stiles.  :‖   Play 3 times
```

Outro   ‖: C   G | D   :‖

Winterlong

Words and Music by
Neil Young

Melody:

I wait-ed for ___ you, win-ter - long. ___

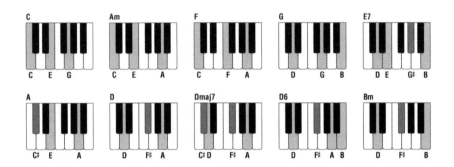

Intro
| C | | | Am | | | |
| F | | G | | F | C | | |

Verse 1

    C   **Am**
I waited for you, winterlong.

                              F
You seem to be where I belong.

           G   **F C**
It's all illus - ion any - way.

Verse 2

    C   **Am**
If things should ever turn out wrong

                              F
And all the love we have is gone,

           G   **F C**
It won't be eas - y on that day.

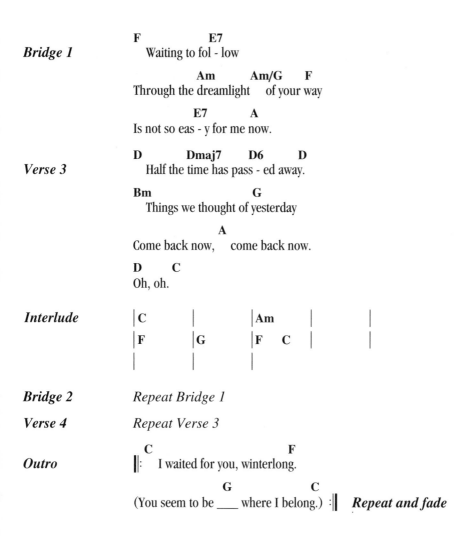

Bridge 1

F   E7
Waiting to fol - low

       Am   Am/G   F
Through the dreamlight   of your way

        E7   A
Is not so eas - y for me now.

Verse 3

D   Dmaj7   D6   D
Half the time has pass - ed away.

Bm   G
Things we thought of yesterday

       A
Come back now,   come back now.

D   C
Oh, oh.

Interlude

C		Am		
F	G	F C		

Bridge 2   *Repeat Bridge 1*

Verse 4   *Repeat Verse 3*

Outro

     C   F
‖:   I waited for you, winterlong.

          G   C
(You seem to be ___ where I belong.) :‖   *Repeat and fade*

Like a Hurricane

Words and Music by
Neil Young

Melody:

Once   I thought I   saw ___ you...

 Am
 G
 F
 Em7
 C

| C E A | D G B | C F A | D E G B | C E G |

Intro
```
|Am        |        |G        |        |
|F         |        |Em7      |G       |
```

Verse 1

Am   G
Once I thought I saw you in a crowd - ed, hazy bar,

F   Em7 G
Dancin' on the light from star to star.

Am   G
Far across the moonbeam, I know that's who you are.

 F   Em7 G
I saw your brown eyes turnin' once to fire.

Chorus 1

C   G F   G
 You are like a hur - ricane.

C   G   F   G
 There's calm in your eye.

C   G   F   G
 And I'm gettin' blown away.

F
 There's somewhere safer where the feelings stay.

                              Am   G   F   Em7 G
I wanna love you, but I'm gettin' blown away.

Verse 2

      Am   G
I am just a dreamer, but you are just a dream,

        F   Em7 G
And you could have been anyone to me.

        Am   G
Be - fore that moment you touched my lips, that perfect feelin'

                      F   Em7 G
When time just slips a - way between us and our foggy trips.

Chorus 2   *Repeat Chorus 1*

Piano Solo   ‖: Am | | G | |
                   | F | | Em7 | G   :‖ *Play 6 times*

Verse 3

      Am   G
You are just a dreamer, and I am just a dream,

        F   Em7 G
And you could have been anyone to me.

        Am   G
Be - fore that moment you touched my lips, that perfect feelin'

                      F   Em7 G
When time just slips a - way between us and our foggy trips.

Chorus 3   *Repeat Chorus 1*

Outro-Piano Solo ‖: Am | | G | |
                      | F | | Em7 | G   :‖ *Play 9 times*
                      | Am   ‖

Love Is a Rose

Words and Music by
Neil Young

Melody:

Love is a rose, __ but ya bet-ter not pick it.

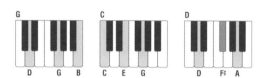

Intro

‖: G | C G | | D G :‖

Chorus 1

G   C   G
Love is a rose, but ya better not pick it.

              D   G
It only grows when it's on the vine.

                        C   G
A handful of thorns and you'll know you've missed it.

              D   G
You lose your love when you say the word mine.

Verse 1

C   G
I wanna see what's never been seen.

D   G
I wanna live that age old dream.

C   G
Come on, lass, we can go together,

        D   G
Let's take the best right now.

N.C.(G)   G
Take the best right now.

Verse 2

    G   C   G
I wanna go to an old hoe - down
                D   G
Long ago in a western town.
             C   G
Pick me up, if my feet are draggin'.
                D   G
Give me a lift and I'll hay your wagon.

Harmonica Solo ‖: C |G |D |G   :‖

                   |N.C.(G) |G | |

Chorus 2

    G   C   G
Love is a rose, but you better not pick it.
                D   G
It only grows when it's on the vine.
                    C   G
A handful of thorns and you'll know you've missed it.
                D   G
You lose your love when you say the word mine, mine, mine.

Outro   G   C G
              ‖: Love is a rose. :‖   *Play 4 times*

Cortez the Killer

Words and Music by
Neil Young

Melody:

He came danc-ing a-cross the wa - ter...

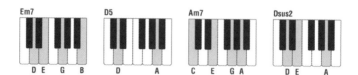

Intro ‖: Em7 │D5 │Am7 │ :‖ *Play 12 times*

Verse 1
        Em7   **Dsus2**
He came dancing across the water with his galleons and guns,

    Am7
Lookin' for the New World and the palace in the sun.

    Em7   **Dsus2**
On the shore lay Montezuma with his   coca leaves and pearls.

    Am7
In his house he often wandered with the secrets of the worlds.

Verse 2
       Em7   **Dsus2**
And his subjects gathered 'round him, like the leaves around the tree,

    Am7
In their clothes of many colors for the angry gods to see.

    Em7   **Dsus2**
And the women all were beautiful and the men stood straight and strong.

  Am7
    They offered life in sacrifice so that others could go on.

Piano
Solo 1 ‖: Em7 │D5 │Am7 │ :‖ *Play 3 times*

	Em7 Dsus2
Verse 3	Hate was just a legend and war was never known.

        Am7
        People worked together and they lifted many stones.

           Em7   **Dsus2**
        And they carried them to the flatlands, but they died along the way,

           Am7
        And they built up with their bare hands what we still can't do today.

	Em7 Dsus2
Verse 4	And I know she's livin' there, and she loves me to this day.

        Am7
        I still can't remember when or how I lost my way.

| *Piano Solo 2* | ‖: Em7   │ D5   │ Am7   │   :‖ |

	Em7 **Dsus2**
Verse 5	He came dancin' across the water, Cortez, Cortez.

        Am7
        What a killer.

| *Outro* | ‖: Em7   │ D5   │ Am7   │   :‖ *Repeat and fade* |

The Campaigner

Words and Music by
Neil Young

Melody:

I am a lone - ly vis - i - tor, _____

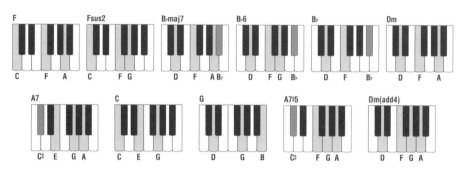

Intro

F Fsus2	F
B♭maj7 B♭6	B♭maj7 B♭6 B♭maj7 B♭6
F	Fsus2
B♭maj7 B♭6	B♭maj7 B♭6

Verse 1

    F   B♭   B♭maj7
I am a lonely visitor, I came too late to cause a stir,

     F   Dm   B♭
Though I campaigned all my life towards that goal.

     A7
I hardly slept the night you wept,

Dm   Dm/C
Our secret's safe and still well kept.

Chorus 1

C   Dm   Dm/C
Where even Richard Nixon has got ___ soul.

B♭   C
Even Richard Nixon has got soul.

| Dm   Dm/C | B♭ | | Dm   Dm/C | G | |

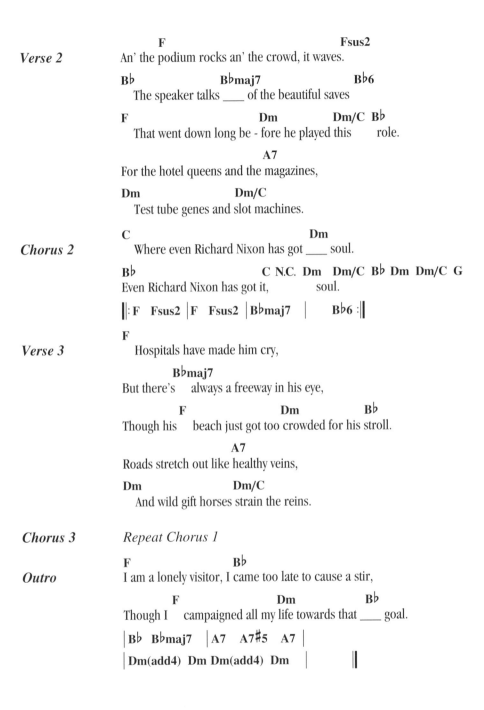

Verse 2

        F   Fsus2
An' the podium rocks an' the crowd, it waves.

B♭   B♭maj7   B♭6
The speaker talks ___ of the beautiful saves

F   Dm   Dm/C B♭
That went down long be - fore he played this   role.

                       A7
For the hotel queens and the magazines,

Dm   Dm/C
Test tube genes and slot machines.

Chorus 2

         C   Dm
    Where even Richard Nixon has got ___ soul.

B♭   C N.C. Dm Dm/C B♭ Dm Dm/C G
Even Richard Nixon has got it,   soul.

‖: F Fsus2 |F Fsus2 |B♭maj7 | B♭6 :‖

Verse 3

F
    Hospitals have made him cry,

           B♭maj7
But there's   always a freeway in his eye,

              F   Dm   B♭
Though his   beach just got too crowded for his stroll.

                   A7
Roads stretch out like healthy veins,

Dm   Dm/C
And wild gift horses strain the reins.

Chorus 3   *Repeat Chorus 1*

Outro

F   B♭
I am a lonely visitor, I came too late to cause a stir,

            F   Dm   B♭
Though I   campaigned all my life towards that ___ goal.

|B♭ B♭maj7 |A7 A7♯5 A7 |
|Dm(add4) Dm Dm(add4) Dm | ‖

Long May You Run

Words and Music by
Neil Young

Melody:

We've been   through _____   some... _

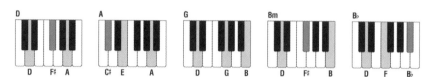

Intro

D	A/D	G	D	
Bm	G	A		
D	A/D	G	D	
Bm	A	D		

Verse 1

D   A/D   G   D
We've been through some   things to - gether,

Bm   G   A
With trunks of memories still to come.

D   A/D   G   D
We found things to do   in stormy weather.

Bm   A   D
Long may you run.

Chorus 1

D   A/D G   D
Long may you run,   long may you run,

Bm   G   A
Although these changes have ___ come.

D   A/D   G   D
With your chrome heart ___ shinin' ___ in the sun,

Bm   A   D   G
Long may you run.

| B♭ | | D | | |

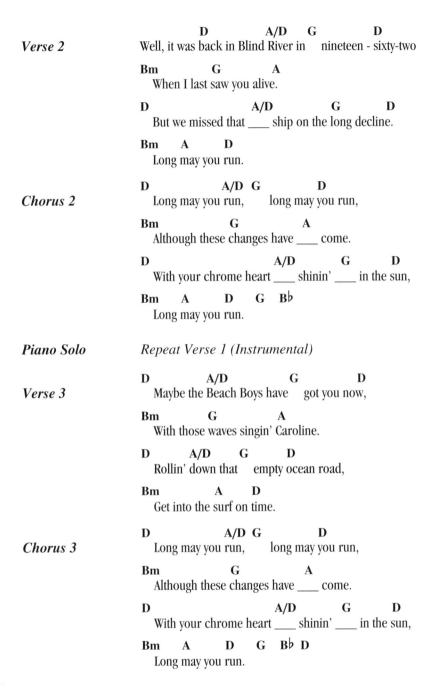

Verse 2

          D   **A/D**   **G**   **D**
Well, it was back in Blind River in   nineteen - sixty-two

Bm   **G**   **A**
When I last saw you alive.

D   **A/D**   **G**   **D**
But we missed that ___ ship on the long decline.

Bm   **A**   **D**
Long may you run.

Chorus 2

D   **A/D G**   **D**
Long may you run,   long may you run,

Bm   **G**   **A**
Although these changes have ___ come.

D   **A/D**   **G**   **D**
With your chrome heart ___ shinin' ___ in the sun,

Bm   **A**   **D**   **G** **B♭**
Long may you run.

Piano Solo   *Repeat Verse 1 (Instrumental)*

Verse 3

D   **A/D**   **G**   **D**
Maybe the Beach Boys have   got you now,

Bm   **G**   **A**
With those waves singin' Caroline.

D   **A/D**   **G**   **D**
Rollin' down that   empty ocean road,

Bm   **A**   **D**
Get into the surf on time.

Chorus 3

D   **A/D G**   **D**
Long may you run,   long may you run,

Bm   **G**   **A**
Although these changes have ___ come.

D   **A/D**   **G**   **D**
With your chrome heart ___ shinin' ___ in the sun,

Bm   **A**   **D**   **G** **B♭ D**
Long may you run.

Deep Forbidden Lake

Words and Music by
Neil Young

Melody:

On the lake,   the deep for-bid-den lake,

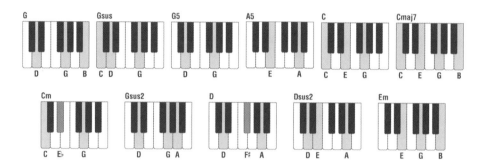

Intro

G Gsus | G5 Gsus G Gsus | G5 G5 A5 G5 A5 |

| C Cmaj7 | Cm | G Gsus G Gsus2 G5 |

| D G/B D/A Dsus2/E Em/G | G Gsus | G |

Verse 1

        G   Gsus G Gsus2 G5 G
On the lake, the deep   for - bid - den lake,

    Gsus   G   Gsus   D
The old   boats go   gliding by,

      C
And the leaves are falling from the trees

           G   Gsus G
And landing on the logs and I...

Verse 2

G Gsus G5   Gsus G Gsus G5
See the turtles head - ing for the bog

  G5 A5 G5 A5 C   Cmaj7
And fall - ing _____ off the log.

Cm   G   D
They make the water splash, and feeling no backlash

      Gsus G Gsus G
They climb the happy banks.

Verse 3

   G   Gsus G Gsus2 G5 G
On the boats, the old and creak - y boats,

 Gsus G Gsus D
The shore - line goes gliding by,

   C
And the wind, there was a dying breeze,

     G   Gsus G
Is making the banners fly.

Verse 4

G Gsus G5   Gsus G Gsus G5
See the colors, float - ing on the sky,

  G5 A5 G5 A5 C
The pride ____ of the captain's eye,

Cm G   Gsus2 G Gsus2 G D
 As he glides his slen - der craft in - side

   G/B D/A Dsus2/E Em/G G Gsus G
And o - pens up   the door.

Pedal Steel Solo *Repeat Verse 4 (Instrumental)*

Verse 5

          G   **Gsus** **G** **Gsus2** **G**
On the coast, the long   and tempt - ing coast,

       Gsus **G Gsus** **D**
The cards on the   table lie.

       C
And a speech, so eloquent in reach,

          G   **Gsus** **G** **Gsus2 G5**
Was made by a passerby,

G   **Gsus**   **G5 G5** **A5 G5**   **A5 C**
Passing by the way between ___ here ___ and ____ left behind.

Cm   **G**
   And it ripples through the crowds

     D
Who run and cast their doubts

     Gsus   **G**   **Gsus**
In the deep forbidden lake.

|**G5 Gsus** **G**   **Gsus** |**G5 G5 A5 G5 A5** |
|**C** |**Cm** |

Outro

     G
Yes, it echoes through the crowds

     D
Who run and cast their doubts

     Gsus   **G Gsus G**
In the deep forbidden lake.

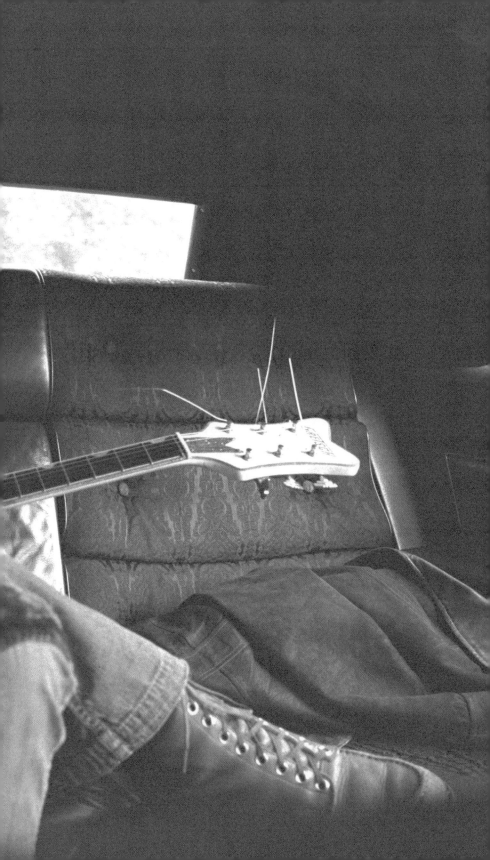

Album compiled by Neil Young, Tim Mulligan and David Briggs

Photos by: Joel Bernstein, Gary Burden, Henry Diltz and Tom Wilkes

Thanks: Buffalo Springfield

Crazy Horse

Jim Messina, George Grantham

Crosby, Stills and Nash

James Taylor, Linda Ronstadt

Emmylou Harris "Star of Bethlehem"

The Stray Gators

Elliot Mazer

Greene & Stone

Mo Ostin & Ahmet Ertegun

David Geffen & Elliot Roberts & David Cline

Further Credits:

Cover layout by Tom Wilkes

Tommy Grekel the album package

Songbook Art Direction & Design: Gary Burden and Jenice Heo for R Twerk & C

Songbook Production Design: Jesse Burden and Mark Holley

Reprise Records, a division of Warner Bros. Records Inc., a Warner Communications Company.

Ⓦ 3300 Warner Blvd., Burbank, Calif 91510 • 44 East 50th Street, New York, New York 10022 • Made in U.S.A.

© 1976 Warner Bros. Records Inc. Printed in U.S.A.